Leserabe

2. Lesestufe

AF634013

Vanessa Walder

Tiergeschichten

Mit Bildern von Carola Sieverding

Mildenberger Verlag
Ravensburger

Bibliografische Information der Deutschen Nationalbibliothek:

Die Deutsche Nationalbibliothek verzeichnet diese Publikation
in der Deutschen Nationalbibliografie.
Detaillierte bibliografische Daten sind im Internet
über http://dnb.d-nb.de abrufbar.

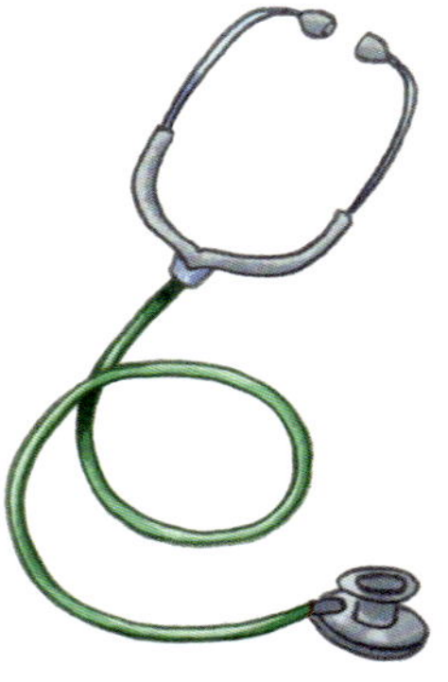

1 3 5 4 2

Ravensburger Leserabe
© 2018 für die Originalausgabe
Ravensburger Verlag GmbH
© 2024 für die Ausgabe mit farbigem Silbentrenner
Mildenberger Verlag GmbH, Postfach 20 20, 77610 Offenburg und
Ravensburger Verlag GmbH, Postfach 24 60, 88194 Ravensburg
Umschlagbild: Carola Sieverding
Fachberatung: Dr. Birgitta Reddig-Korn

Printed in Germany
ISBN 978-3-619-14641-3
(für die gebundene Ausgabe im Mildenberger Verlag)
ISBN 978-3-473-36552-4
(für die Originalausgabe im Ravensburger Verlag)

www.mildenberger-verlag.de
ravensburger.com
www.leserabe.de

Inhalt

Tierisches Missverständnis

Adams Hund heißt Floh,
weil er so gern hüpft.
Es gibt keinen Gartenzaun
und keinen Baumstamm,
über den Floh nicht springt.

Aber beim letzten Sprung
ist er auf einem Stein gelandet.
Seitdem hinkt Floh ein bisschen.
Deshalb muss er zum Tierarzt.

„Geh du schon vor“,
sagt Adams Mutter.
„Ich suche einen Parkplatz.“

Über der Praxistür steht:
TIERARZT.
Adam trägt Floh die Stufen hoch.

„Was fehlt uns denn?“,
fragt der Mann am Empfang.
„Verletztes Bein“, sagt Adam.
„Name des Patienten?“,
will der Mann wissen.
„Floh“, sagt Adam.

Im Warteraum betrachtet er
die anderen Leute.
Das ist aber merkwürdig:
Keiner hat ein Tier dabei!

Adam sieht sich die Handtaschen
und Rucksäcke der Leute an.
Bestimmt sind da die Tiere drin.
Aber welche Haustiere lassen sich
in Handtaschen stecken?
Vielleicht Mäuse oder Hamster.
Oder auch Schildkröten
und Schlangen.
Als eine Frau
ihre Handtasche öffnet,
springt Adam auf den Stuhl.
Er kann Schlangen nicht leiden.

Die anderen Leute starren ihn an.
Sogar Floh winselt überrascht.
Als die Frau die Tasche zumacht,
steigt Adam wieder auf den Boden.
Da bückt sich ein Mann
und öffnet seinen Rucksack.
Sind da Mäuse drin?
Der Mann greift in den Rucksack
und holt ein Buch heraus.
Vielleicht schlafen die Mäuse?

Da wird Adam aufgerufen.
Als er mit Floh zum Arzt hineinwill,
hält ihn der Mann am Empfang zurück.
„Das ist das Behandlungszimmer.
Der Hund darf dort nicht rein.“
Adam sieht den Mann überrascht an.
„Und wie soll der Arzt dann
das Bein untersuchen?“
Der Mann nimmt Flohs Leine
und sagt: „Geh einfach rein, Floh!
Dein Hund wartet hier auf dich.“

Adam versteht kein Wort.
Er geht ins Behandlungszimmer.
Dort sitzt ein großer Braunbär.
Der Bär trägt einen weißen Kittel.
Auf dem Namensschild steht
„Dr. Ursula“.

„Guten Tag, Floh“,
brummt die Bärin.
„Du hast dir das Bein verletzt?“
„Nein, nicht ich!“, ruft Adam.
„Mein Hund heißt Floh.
Er hat das verletzte Bein.“
„Oh“, sagt Dr. Ursula.
„Das war ein Missverständnis.“
„Ja. Soll ich Floh reinholen?“,
fragt Adam.
Dr. Ursula brummt laut.
„Ich behandle keine Tiere.“

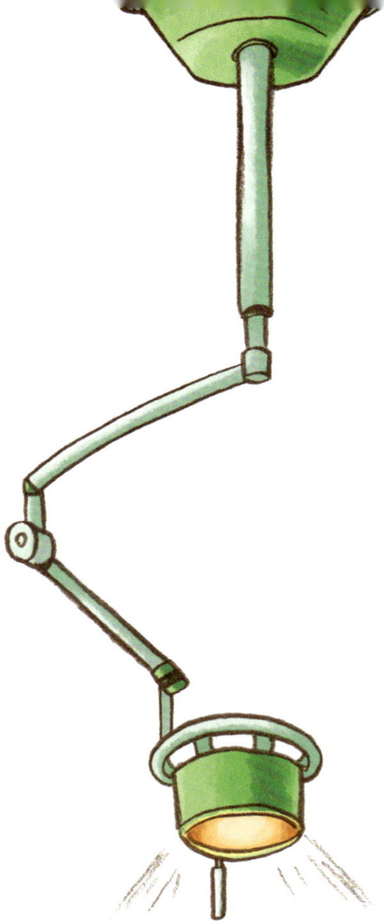

Im Wartezimmer sitzt Adams Mutter.
„Wir müssen zu einem anderen Arzt“,
erklärt Adam.
„Warum denn?“, fragt seine Mutter.
„Was hat Dr. Ursula gesagt?“
„Gar nichts“, sagt Adam.
Er nimmt Floh auf den Arm.
„Sie war nur sehr brummig.“

Frage Warum sagt Adam seiner Mutter nicht, dass Dr. Ursula eine Bärin ist?

Krasse Tiere

Tarni möchte Tierarzt werden,
wenn er groß ist.
Genau wie seine Oma.
Tarni wohnt in Australien
und kennt dort fast alle Tiere.

Einmal hat Tarnis Oma
ein Känguru-Baby mitgebracht.
Tarni hat es gefüttert,
bis es groß genug war,
um in den Busch zu hüpfen.
Manchmal kommt es noch vorbei
und lässt sich von Tarni streicheln.

In den Bäumen hinter dem Fluss
beobachtet Tarni manchmal Koalas.
Die fressen Eukalyptusblätter.
Wenn es nicht genug gibt,
bringt Tarni ihnen frische.

In Australien ist es oft sehr trocken.
Dann wüten schlimme Buschfeuer.
Tarnis Oma verarztet danach
immer verwundete Tiere.
Tarni hilft ihr dabei.

Sie arbeiten in einem Pflegeheim
für Tiere, einer Auffangstation.
Dort lernt Tarni Opossums kennen,
Wallabys, Emus und Kakadus.

Aber die krassesten Tiere,
die gibt es in Deutschland!
Tarni hat nämlich einen Brieffreund,
der in Hamburg wohnt.
Mattis schreibt Tarni auf Deutsch,
weil Tarni Deutsch lernt.

Gestern hat Mattis geschrieben,
dass er nicht in die Schule muss.
Er hat einen riesigen Muskelkater!
Ein Kater ist eine männliche Katze.
Muskeln bekommt man vom Sport.
Tarni hat noch nie eine Katze
mit riesigen Muskeln gesehen!

Einmal hat Mattis geschrieben,
er hätte einen Frosch im Hals.
Im Hals!
Tarni kennt Laubfrösche,
Baumfrösche und Südfrösche –
keiner von denen könnte
im Hals eines Menschen wohnen.

Letzte Woche schrieb Mattis:
„Ich war heute doch nicht im Kino.
Vor der Kasse
war eine riesige Schlange."
Das fand Tarni traurig.
Riesenschlangen tun Menschen
nichts.
Man braucht keine Angst zu haben.
Tarni kann nur hoffen,
dass jemand sie
zurück in den Wald gebracht hat.
Aber das wird er Mattis erklären,
wenn der ihn besuchen kommt.

„Klar fliege ich nach Australien!“,
hat Mattis geschrieben.
„Sobald ich genug Kröten hab.“
Darauf hat Tarni schnell geantwortet:
„Du kannst auch ohne Kröten kommen.
Wir haben schon genug Kröten hier.“
„Das ist ja zum Mäusemelken!“,
hat Mattis zurückgeschrieben.

Da fasst Tarni einen Beschluss:
Er wird in Deutschland
Tiermedizin studieren.
Und all die krassen Tiere sehen:
Muskelkater, Halsfrösche, Flugkröten
und Menschenschlangen.
Und jeden Tag Mäusemilch trinken.

Frage

Warum sind viele Tiere in Australien so ganz anders als die Tiere bei uns?

Freundschaft auf Rezept

Ellas Hund Bruno ist krank.
Brunos Fell glänzt nicht mehr.
Er jagt nicht mehr seinen Schwanz.
Er bellt nicht wie verrückt,
wenn Ellas Vater nach Hause kommt.
Er nagt nicht mal mehr
an Schuhen.

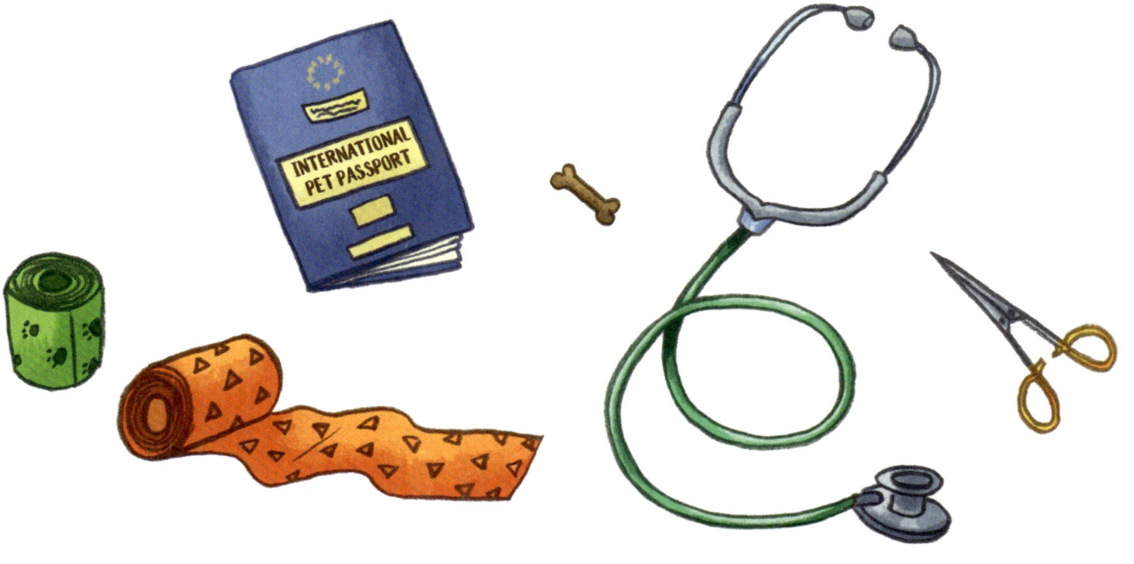

Der Tierarzt hat
Brunos Blut untersucht.
Er hat Bruno gründlich abgetastet.
Er hat an seinem Maul gerochen
und ihm tief in die Augen geschaut.
„Ich kann nichts finden“,
sagt der Arzt zu Ella.
„Mit Bruno ist alles in Ordnung.
Körperlich!“
Ella sieht den Arzt besorgt an.
„Was heißt ‚körperlich‘?“,
fragt sie.

„Ich glaube, Bruno hat ein Problem,
das nichts mit seiner Schnauze
oder seinen Pfoten zu tun hat“,
erklärt der Tierarzt.
„Es ist sein Herz.“
Ella reißt entsetzt die Augen auf.
„Muss er operiert werden?“
„Nein, nein“, beruhigt sie der Arzt.
„Ich glaube nur, Bruno ist traurig.“
„Aber warum denn?“,
fragt Ella.

„Dafür kann es viele Gründe geben.
Hat sich bei dir etwas verändert?
Bist du umgezogen?“
Ella schüttelt den Kopf.
„Ist in der Familie jemand krank?“
Ella schüttelt wieder den Kopf.
„Musst du vielleicht mehr lernen
und hast weniger Zeit für Bruno?“,
fragt der Arzt.
„Gar nicht!“, ruft Ella sofort.
„Es ist genau andersrum.
Ich hab viel mehr Zeit als früher.“

Der Arzt sieht sie überrascht an.
„Warum das denn?“
„Weil ... weil ...“
Ella druckst herum.
„Früher hab ich Clara getroffen.
Und jetzt nicht mehr.“
Als Ella „Clara“ sagt,
hebt Bruno den Kopf.
Der Arzt nickt verständnisvoll.
„Clara ist deine beste Freundin?“
„War!“, ruft Ella sofort.
„Wir haben uns gestritten.“
Bruno jault.

„Kann es sein,
dass Clara einen Hund hat?“,
fragt der Arzt weiter.
Ella nickt zögernd.
„Penny, einen Pudel.“
Da jault Bruno wieder.
„Und kann es sein,
dass Bruno Penny vermisst?“,
fragt der Arzt.
Als Ella nickt,
stellt ihr der Arzt ein Rezept aus.
Darauf steht:

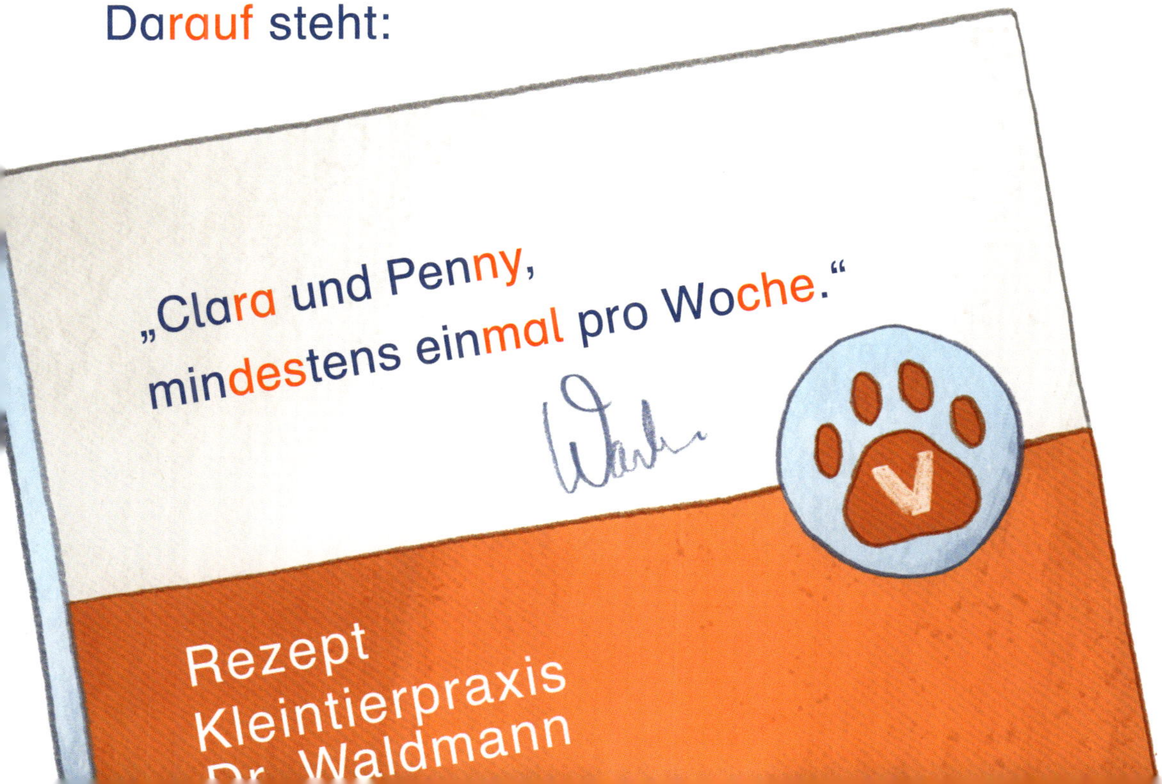

Auf dem Nachhauseweg läutet Ella
an Claras Haustür.
Die macht sofort auf.
Penny kommt herausgelaufen.
Sie schnüffelt glücklich an Bruno.
Der schnüffelt zurück.

„Bruno vermisst Penny“,
erklärt Ella.
Clara nickt.
„Penny vermisst Bruno auch.“

„Wollen wir wieder Freunde sein?“, fragt Ella.
„Müssen wir wohl.“ Clara grinst.
„Solange unsere Hunde die besten Freunde sind.“

Frage

Wie hast du dich schon einmal nach einem Streit mit jemandem wieder vertragen?

Ein Notfall

Mira ist traurig und stocksauer.
Traurig ist sie deshalb,
weil ihr Hase Hopsi krank ist.
Stocksauer ist sie auf ihre Mama.

Mira will mit Hopsi zum Arzt gehen,
weil Hopsi sich am Ohr
und am Auge verletzt hat.
Und Miras Mama sieht das nicht ein.
„Morgen geht’s ihm wieder gut“,
sagt sie nur lächelnd.

Doch Mira macht sich Sorgen.
Sie hat sofort einen Verband
um Hopsis ganzen Kopf gewickelt.
Aber das Ohr muss genäht werden,
da ist Mira ganz sicher.

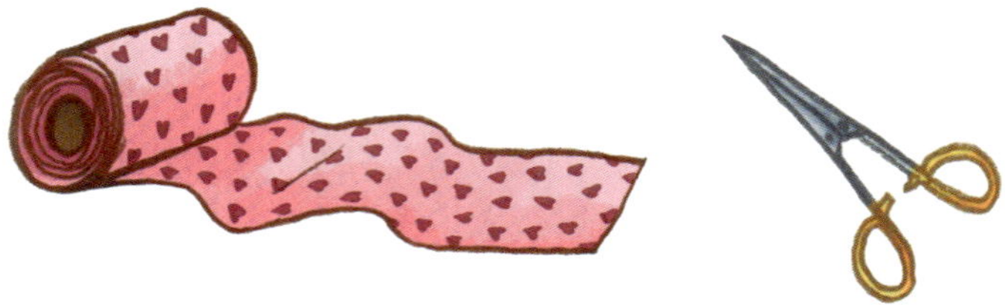

„Hopsi muss zum Arzt“,
versucht es Mira bei ihrem Papa.
„Fährst du uns mit dem Auto hin?“
„Ich glaube, das heilt von selbst“,
sagt Miras Papa und liest weiter
in seiner Zeitung.

Da hat Mira genug!
Sie schreibt einen Zettel:
„Bin mit Hopsi beim Arzt.
Bis später, eure Mira.“
Sie setzt Hopsi vorsichtig
in ihren Fahrradkorb.
Dann fährt sie los.

Bisher war Hopsi nie krank.
Aber Mira hatte mal Fieber.
Und da war sie bei Dr. Lorenz.
Dessen Praxis ist am Marktplatz.
Mira geht zur Anmeldung.
„Guten Tag!“, sagt sie
zu der Frau am Tresen.
„Mein Hase ist verletzt!“

Die Sprechstundenhilfe heißt Linda.
Sie erinnert sich an Mira.
„Keine Sorge, Mira!“, antwortet sie.
„Dr. Lorenz macht ihn gesund.
Aber du musst ein bisschen warten,
bis er Mittagspause hat, okay?“

Es dauert nicht lange,
und Dr. Lorenz hat Zeit für Mira.
Er macht den Verband ab.
Dann untersucht er Hopsi gründlich.
„Klarer Fall von Ohr-Reiß-itis
und Auge-Locker-itis“,
sagt Dr. Lorenz.
Aber er klingt nicht besorgt.

Er isst sogar ein Brötchen
während der Untersuchung.
Das würde er bestimmt nicht tun,
wenn es etwas Ernstes wäre.
Ein bisschen wundert sich Mira
über das Brötchen.
Als sie krank war,
hat Dr. Lorenz keins gegessen.
„Hopsi muss genäht werden“,
sagt Dr. Lorenz.
„Halt seine Pfote ganz fest.“
Dann näht er vorsichtig
Hopsis Ohr und Auge fest.

Als Mira nach Hause kommt,
warten ihre Eltern schon auf sie.
„Geht's Hopsi wieder besser?",
fragt ihr Vater.
Mira nickt erleichtert.
„Hier ist das Rezept vom Arzt."
Sie reicht es ihrer Mutter.
Die liest es sorgfältig und lacht.

„Das gibt's nicht in der Apotheke.
Jeden Tag ein Eis für Hopsi."
Mira nickt.
„Genau. Dr. Lorenz hat gesagt,
das ist ganz wichtig.
Und zwar Vanille, sonst wirkt's nicht."

Frage

Welche Medizin hättest du Hopsi verschrieben?

Leserabe

Leserätsel

Rätsel 1

Viel zu viele Buchstaben!

Streiche die Buchstaben, die zu viel sind.

Porafaxis

Kroablan

Ralezepant

Rätsel 2

Wörter ohne Grenzen

Wie viele Wörter aus der Geschichte findest du?

HUNDKINOBLUTPFOTELEUTE

PATIENTKRÖTEMAUSSCHNAUZE

Wörter im Versteck

Rätsel 3

Insgesamt sind sechs Wörter versteckt.
Kreise sie ein.

K	I	T	T	E	L
A	M	P	U	N	E
T	I	E	R	F	I
E	X	A	S	E	N
R	K	T	I	L	E
U	M	A	U	L	Z

Fragen zu den Geschichten

Rätsel 4

Dr. Ursula ist eine ______________. Tarni lebt in ________________. Ellas Hund Bruno ist nicht krank, sondern ___________. Mira macht ihrem Hasen einen ______________ um den Kopf.

Lösungen
Rätsel 1: Übrig bleiben Praxis, Koala, Rezept, **Rätsel 2:** Hund, Kino, Blut, Pfote, Leute, Patient, Kröte, Maus, Schnauze, **Rätsel 3:** Kittel, Tier, Maul, Kater, Fell, Leine, **Rätsel 4:** Braunbärin, Australien, traurig, Verband

Leserabe Rabenpost

Rätsel 5

Rätsel für die Rabenpost

Was stimmt? Ersetze die richtige Zahl durch den passenden Buchstaben. Dann erhältst du das Lösungswort.

	Ja	Nein
Im Rucksack ist ein Buch.	16	3
Tarni lernt Deutsch.	21	22
Brunos Fell glänzt.	26	4
Ella und Clara vertragen sich.	5	18
Mira isst ein Brötchen.	19	12

1 A, 2 B, 3 C, 4 D, 5 E, 6 F, 7 G, 8 H, 9 I

10 J, 11 K, 12 L, 13 M, 14 N, 15 O, 16 P, 17 Q, 18 R

19 S, 20 T, 21 U, 22 V, 23 W, 24 X, 25 Y, 26 Z

Lösungswort

Hast du das Lösungswort herausgefunden?
Dann kannst du jetzt tolle Preise gewinnen.

Gib das Lösungswort auf der Leserabe-Website
www.leserabe.de ein oder schick es mit der
Post an folgende Adresse:

An den Leseraben
Rabenpost
Postfach 2007
88190 Ravensburg
Deutschland

* Wir verwenden die Daten der Einsender nur für das Gewinnspiel und nicht für weitere Zwecke.
Alle weiteren Informationen zum Datenschutz und über unser Gewinnspiel findet ihr unter **www.leserabe.de**.

Leichter lesen lernen mit der **Silbenmethode**

Durch die Kennzeichnung der einzelnen Silben in Rot und Blau lernen Kinder leichter lesen. Das gelingt so:

- Die einzelnen Wörter werden in Buchstabengruppen aufgeteilt. Diese kleinen Gruppen sind leichter zu erfassen als das ganze Wort.
- Die Buchstabengruppen sind ganz besondere Einheiten: Sie zeigen die **Sprech-Silben** an, den Schlüssel, um ein Wort richtig lesen und verstehen zu können.

Zum Beispiel können bei dem Wort „Giraffe“ auch die ersten drei Buchstaben „Gir“ als Gruppe gelesen werden: Gir - af - fe. Das könnte dann der Name einer besonderen Affenart sein.

Mit den farbigen Silben dagegen werden sofort die richtigen Buchstabengruppen erkannt: **Giraffe**. Beim Lesen ergibt sich automatisch der richtige Sinn: Es ist das Tier mit dem langen Hals gemeint.

Dadurch lesen alle Erstlesekinder leichter und besser – und auch die nicht so starken Kinder können schneller Erfolge erzielen.

Die farbigen Silben helfen aber nicht nur beim Lesen, sondern auch bei der **Rechtschreibung**. Das Erstlesekind nimmt von Anfang an die Silbengliederung der Wörter wahr – und kann so die richtige Schreibweise ableiten.

Die original Mildenberger Silbenmethode wird seit über einem Jahrzehnt an vielen Grundschulen unterrichtet und führt bei Kindern nachweislich zu schnellerem Leseerfolg.

Weitere Informationen zur Silbenmethode auf:
www.silbenmethode.de